मेरे सपने, मेरे अपने

Vandana Jain

BookLeaf
Publishing

India | USA | UK

Presentation by *BookLeaf Publishing*

Web: www.bookleafpub.com

E-mail: info@bookleafpub.com

ISBN: 9789363318977

First edition 2024

PREFACE

चंद शब्द लेखिका के लिए

बचपन से पालती, दुलारती, सुधारती हैं,
प्यार और ममता की माला पिरोती हैं,
मम्मियाँ तो ऐसी ही होती हैं।

कभी धमकी, कभी मार तो कभी आँखों से ही ख़ौफ़
दिखाती है
फिर तेज़ डाँट कर ख़ुद ही सिसक कर रोती है,
मम्मियाँ तो ऐसी ही होती हैं।

इनका फ़ोन और इनका सोना, बेहद इनको कीमती है
अगर जो चोरी हो जाए तो हमें दे आये फिरौती में,
मम्मियाँ तो ऐसी ही होती हैं।

सारी गॉसिप सारा ड्रामा, अप टू डेट जो रहती हैं
हमें जल्दी सोने का ज्ञान देकर, ख़ुद देर से सोती हैं,
मम्मियाँ तो ऐसी ही होती हैं।

बाहर का खाना बहुत भाता हमें,
पर दिल में तो इनके हाथ की दाल रोटी है,
मम्मियाँ तो ऐसी ही होती हैं।

जब मैं और दीदी लड़ें तो सिखाती दोस्ती है,
और जब हम खिल-खिला आपस में हसें तो, "चुप
रहो" बोलती हैं

मम्मियाँ तो ऐसी ही होती हैं।

हमारी ढाल बन कर हमें आपने ताकत दी,
हमारे सपने पूरे कर, अपनी ख्वाहिशें कहीं खोती हैं
मम्मियाँ तो ऐसी ही होती हैं।

मम्मियां तो ऐसी, वैसी और जैसी भी होती हैं, हमें बेहद
प्यारी हैं क्योंकि होती इकलौती है।

- पलक जैन (पुत्री)

अगर ऐसा होता

पंछी अगर होती मैं तो,
दूर गगन में उड़ जाती मैं।
मीन अगर बन जाती मैं तो,
सागर की सैर कर आती मैं।
भौंरा अगर बनी होती मैं तो,
फूल-फूल मंडराती मैं।
तितली बन गयी होती मैं तो,
बच्चों की दुलारी बन जाती मैं।
नदी अगर बन जाती मैं तो,
पहाड़ों से कल-कल करती आती मैं।
अगर फूल ही बन पाती मैं तो,
प्रभु की माला बन जाती मैं।
काश ऐसा पर्वत बन पाती मैं तो,
जो प्रभु के चरणों की धूल होती मैं।

- 09 जुलाई 2007

अनुभव

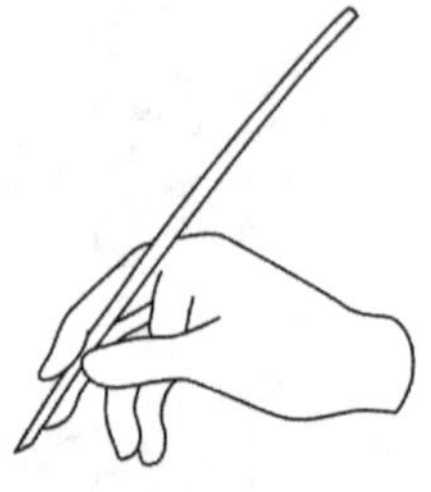

माँ बनके ही जाना है मैनें,
कितनी ममता है माँ की डांट में।
शिष्य बनकर ही पाया मैंने,
गुरु के ज्ञान भण्डार को।
ठोकर खाकर ही सीखा है मैंने,
संभलकर चलना इस संसार में।
प्यार बाँटकर ही देखा मैंने,
बहुत प्यार भरा है जहान ये।
खुलकर जीना सीखा है मैंने,
पंछियों की उड़ान से।
नदी की बहती धारा से सीखा,
बढ़ते जाना शान से।
आँखों को नम कर देखा,
क्षमा का आधार ये।
क्षमा की ताकत को जाना मैनें,
जब मिला मुझे उपहार में।
बंधकर जीना सीखा है मैंने
मोतियों के हार से।
मुश्किलों से लड़ना सीखा है मैंनें

पेड़ों की इन लताओं से।
हँस कर जीना सीखा मैंने,
बच्चों की प्यारी मुस्कान से।
प्रभु चरणों में जाकर देखा,
शांति का अपार भण्डार ये।

- अगस्त 2012

बिटिया रानी

रूठी है आज हमारी बिटिया रानी,
गुस्से में लगती वो सबकी नानी।
काम न आए आज कोई पप्पी,
मनाए न आज जादू की झप्पी।
है वो थोड़ी ख़फ़ा-ख़फ़ा,
मना के हारे कितनी दफ़ा।
बैठी है सबसे जुदा-जुदा,
मनाएँ मम्मी, पापा, दादी, बुआ।
देखे तिरछी नज़रों से सबको,
नन्हीं परी को मनाना है हमको।
चॉकलेट, आइसक्रीम, बर्गर, पिज़्ज़ा ला दूं,
देखे किसका चलता है जादू।

- सितम्बर 2012

नई सुबह

नई सुबह की पावन बेला में,
हर प्राणी में होता संचार नया।
हर दिल में नई कल्पना उड़ाने भरती,
जैसे लगता है इनको संसार नया।
चिड़ियाँ चहकी, कलियाँ महकी,
भौंरों की गुन-गुन यहाँ वहाँ।
नई सुबह……

नई खुशियों का इंतज़ार सबको,
इन्हें पाने को आतुर सारा जहां।
प्रकृति की रचना है कितनी सुंदर,
सुबह की लाली करती है बयां।
नई सुबह……

आओ सब मिलकर करे स्वागत इसका,
जैसे नई दुल्हन बन कर आई यहाँ।
तज कर आलस जुट जाएँ हम सब,
और कर लें एक प्रण, रचने को एक इतिहास नया।
नई सुबह…..

- 2006

वक्त

वक्त वक्त की बात है,
उजली सुबह तो काली रात है।
वक्त ही देता दर्द यहाँ तो,
वक्त ही भरता घाव है।
वक्त की भाषा बदली- बदली,
यहाँ न कोई हथियार है।
सबकी नैया इत-उत डोले,
वक्त के हाथ पतवार है।
वक्त की ताकत को जो ना माने,
वक्त ने किया उसका बंटाधार है।
समय के फेर को जो है समझे,
उसके सर पर ताज है।
वक्त की जब चली हवा तो,
कल का राजा आज बेगार है।

- अगस्त 2012

दिल की कहानी

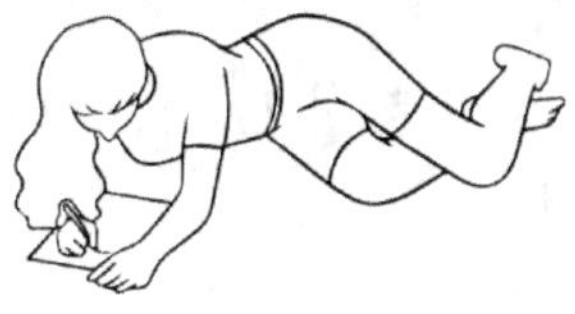

आज मेरे दिल ने ठानी है, कहनी अपनी कहानी है।
कहाँ से शुरुआत करूँ, किससे मन की बात करूँ?
वो पहली मुलाकात थी, सन् 1994 की बात थी।
मैं मम्मी के संग आई थी, थोड़ा शर्माई और सकुचाई
थी।
पहन प्यारा सा व्हाईट सूट, मन ही मन इतराई थी।
देख आईना खुद को निहारा, थोड़ा सा घबराई भी।
नज़रों से जब नज़रें मिली, और दिल से मिल गए दिल।

माँ-बाबा भी समझ गए और सबके चेहरे गए खिल।
अब मौका था सगाई का, अंगूठी पहनाई का।

26 जनवरी की शाम थी, साल 1995 की बात थी।
सगाई से बातों की शुरुआत हुई, दिल में अरमानों की
बरसात हुई।
मुलाकातों का दौर शुरू हुआ, खतों का आदान-प्रदान
हुआ।

ना फोन ना मोबाइल था, सच कहूँ तो खत ही सब कुछ
था।
लिफाफों से जब ख़त निकलते, खुशबुओं से वो
महकते।

एक-एक खत कई बार पढ़ते, सबसे खत को बचाते
और बचते ।
पापा का डर और भाई की शर्म थी, उस समय की
बात अलग थी।

आज के जैसी नहीं थी दुनिया, मुझमे थोड़ी लाज शर्म
थी।
खतों का सिलसिला यूँही चला और पुरा एक साल
चला।
कोई ख़त नहीं कभी डाक से आया, अक्सर पिया के
हाथों पाया।
मिलना-जुलना होता तो रहता, पर ऊपर से एक
आदेश भी होता।

हम पर कुछ बंदिशे भी होती, और दिल की हालत बुरी
होती।
आखिर जुदाई के वो पल बीत गए, और हम गठबंधन
में बंध गए।

वो साल सुनहरी यादों का है, एक-एक पल के इंतज़ारों
का है।
मोती मगरी और फतह सागर पर जो साथ देखे उन
मीठे ख्वाबों का है।

- 08 मई 2024

अजन्मी मासूम की आवाज

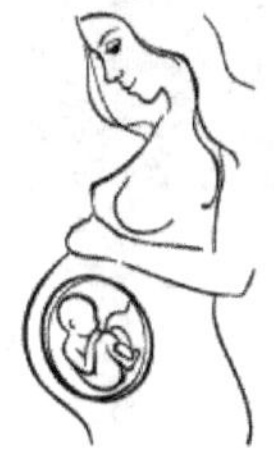

ओ माँ, ओ बाबा सुन लो मेरी पुकार,
अपनी ही छाया को क्यूं रहे धिक्कार।
क्यूं अपने आंगन की कली को,
खिलने से पहले ही मुरझाते हो?
क्यूं कुल दीपक की आस में
घर की लक्ष्मी को ठुकराते हो?
क्या भूल हुई मुझसे ज़रा यह बताओ तो,
किस मंशा में मुझको रौंदा जरा तुम जताओ तो?
क्या दहेज ले चली जाऊंगी या,
घर भर कर दहेज नहीं लाऊंगी।
मूझे बेटे से कमतर मत जानो,
तुम बेटी को आफत मत मानो।
अगर दुनिया में मैं आ पाऊँ,
शायद रानी लक्ष्मी बन दिखलाऊँ।
या तुम्हारे बेटे से भी बढ़ कर
नाम तुम्हारा मैं कर जाऊँ।
हे माँ, दुनिया में आने तो दो,
मुझको सीने से लग जाने तो दो।

- 21 जून 2007

पानी-पानी रे

पानी को हर आंख रही निहार,
इस पानी के है रंग हज़ार,
कहीं जीवन बन कर छाए,
कहीं हाहा कार मचाए।

पानी जब अमृत बन कर बरसे,
किसानों के दिल खिले-खिले से,
हर जीवन की एक आस यही,
बाकी न रहे किसी की प्यास कहीं।

पानी जब अपना कहर दिखाए,
सभी की सांसें ठहर सी जाए,
जब जीवन ही जीवन ले जाए,
कोई भी इसे समझ न पाए।

कहता पानी सबसे अपनी कहानी,
करो न कभी ऐसी नादानी,
पर्यावरण को जो तुम छेड़ोगे,
जीवन नहीं मौत झेलोगे।

मैं तो जीवन हूँ जीवन ही रहने दो,
मुझे 'अमृतम जलम' ही कहने दो।

- 20 जून 2007

बच्चे

बच्चे ये बच्चे, मन के है सच्चे।
भोली सी सूरत, उमर के हैं कच्चे।
बातें इनकी अनजानी, करते हैं नादानी।
सुनने को रहते आतुर, नानी-दादी से रोज़ कहानी।
दुनिया से अनजान ये, शैतानों के शैतान ये।
अपनी दुनिया अलग बसाते, परियों के सपने सजाते।
इनके मन को समझना आसान नहीं,
सबके बस में आना इनका काम नहीं।
मासूम सी इनकी बातें, हर दिल को अपना बनाते।
आसमान में पतंग उड़ाते, पानी देख नाव चलाते।
काश हम भी बच्चे बन जाएँ,
वो बीता बचपन फिर से आ जाए।

\- 07 जुलाई 2007

भोर

हो गई है मतवाली भोर, हटा अंधियारा उजियारी भोर।
मुर्गा करके कुकड़ुक्कु, सबको जगाता हो गई भोर।
ठण्डी पवन का झोंका कहता, छोडो बिस्तर कितनी
सुहानी भोर।
नींदों से जागे नये ख्वाब सजाने, भाई सबके मन को
भोर।
चहकी चिड़ियाँ उड़ते पंछी, सुन्दर फूलों से महकाती
भोर।
नन्हें मुन्ने आँखें मलते, प्यार की ढेरी लाई भोर।
सूरज की लाली किरणें लाकर, स्फूर्ति का एहसास
कराती भोर।
बीती निराशा को भुलाकर, मन में उमंगें जगाती भोर।
जीवन में नये रंगों को भरने, अपने रंग दिखाती भोर।

- सितम्बर 2012

सपनों की दुनिया (गीत)

ए काश
किसी सपनों की दुनिया में ज़िंदगी अपनी गुज़रती,
उसमें महकते गुलशन के भोरों सी ज़िंदगी अपनी गुज़
रती।

हम तुम मिलते जीवन के उस हसीन मोड़
पर जहां से जवानी गुज़रती,
हसीन चांदनी रातों में तारों को गिनते हुए राते सुहानी
गुज़रती।

तुम अपना हाले-दिल कहते मैं अपनी दास्ताने बयां क
रती,
प्यार की उस दुनिया में खुशियां भरी हमारी ज़िंदगी सं
वरती।

सपनों की ज़िंदगानी की
और क्या-क्या तमन्नाएं हैं कैसे बताऊं,
पर वो तो सपना ही है हक़ीक़त में ज़िंदगी ऐसे नहीं गु
ज़रती।

ए काश
किसी सपनों की दुनिया में ज़िंदगी अपनी गुज़रती,
उसमे महकते गुलशन के भोरों सी ज़िंदगी अपनी गुज़
रती।

- नवंबर 1994

बेकरार दिल (गीत)

यूँ तो मिल चुके हैं उनसे न जाने कितनी बार,
फिर भी न जाने क्यूं मिलना चाहे उनसे दिल बार-बार।

हर मुलाकात न जाने क्यूँ अधूरी-सी लगती है,
उनसे मिले बिना ये ज़िंदगी अधूरी-सी लगती है,
हर बार ये तमन्ना रहती है वो मिल जाए और एक बार।

ये ज़िंदगी गुज़रेगी कब तक इस तरह न जाने,
ये मुलाकात होगी या नहीं ये खुदा ही जाने,
जो उनकी यादें हैं वो ले जाती है अपनी ही दुनिया में
बार-बार।

ये किस्मत भी अजीब है अचानक ही उन्हें सामने ले
आती है,
न जाने कैसे अनजाने में ही उनसे मुलाकात हो जाती
है,

ये ज़िंदगी यूँही चलती रहे, खत्म न हो उनसे मिलने की
तमन्ना हर बार।
यूं तो मिल चुके हैं उनसे न जाते कितनी बार....

- नवंबर 1994

नादान दिल (गीत)

ये दिल भी अजीब है उनसे मिलना भी चाहे और डरता है,
कैसे समझाऊँ इसे न जाने ये क्या सोचा करता है।

मैं दिल की बात जुबां पर लाऊँ कैसे, ये ज़माने से डरा करता है,
इस ज़माने के सितम कैसे भूलूँ ये प्रेमियों को सताया करता है।

गर दिल न कर सके हाल-ए-बयाँ तो आँखों से समझ लेना दिल की बात,
अपनी बात दिल ज़माने से डरकर आँखों से बताया करता है।

इस नादाँ दिल को समझाऊँ कैसे, सिर्फ तुमसे ही माना करता है,
इस दिल को तुम यूं न भूलाना ये तुम पर मिटने की तमन्ना रखता है।

ये दिल भी अजीब है उनसे मिलने भी चाहे और डरता
है,
कैसे समझाऊँ इसे न जाने ये क्या सोचा करता है।

- नवंबर 1994

दसलक्षण व्रत भजन

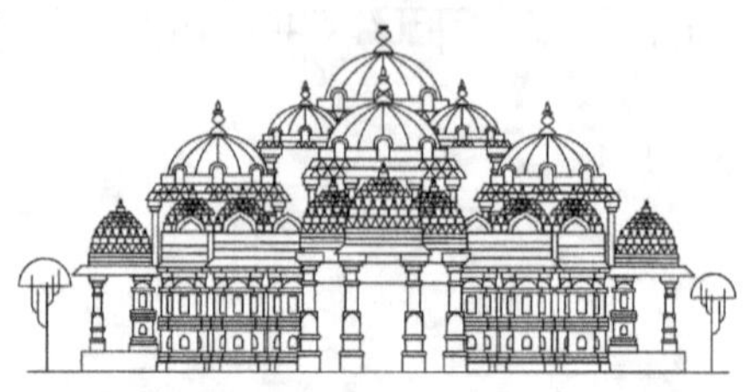

जैन धर्म को पाकर मैं तो, अपना भव सुधारूंगा,
इस भव में मैं **क्षमा** अपना कर, मुक्ति की राह
बनाऊंगाँ।
अब तक भटका रहा भोगों में, गुरु की शरण
को जाऊंगा,
मान को रख कर उन चरणों में, ज्ञान के दीप
जलाऊंगा।
गुरु की वाणी को सुनकर, सरल सुभावी बन जाऊंगा,
कपट को छोड़ प्रभुवर मेरे, **आर्जव** गुण अपनाऊंगा।
झूठे कर्मों की ज्वाला को, अपने से दूर भगाऊँगा,
छोड़ छाड़ झूठों की नगरी, **सत्य** की राह पर आऊंगा।
करके प्रभु चरणों की सेवा, लालच को तज जाऊंगा,
शौच गुण का पालन करके, मनुज भव धन्य
बनाऊंगा।
आगम की वाणी को सुनकर, करूणा के
भाव जगाऊंगा,
करके मैं **संयम** को धारण, भव सागर से तर जाऊंगां।
बाँध के पापों की गठरी को, पुण्य के फल
से जलाऊंगा,
करके **तप** से कर्म निर्जरा, मोक्ष की राह बनाऊंगाँ।

दीन-दुखी जीवों पर उर से, भावों को सरल बनाऊँगा,
त्याग के सब भोगों की वस्तु, पुण्य की
होली सजाऊंगा।
छोड़ छाड़ कर परिग्रह सारे, त्याग का पाठ पढ़ाऊँगा,
आकिंचन के भाव जगाकर संसार से रुचि घटाऊंगा।
वैराग्य की भावना को भाकर भोगों से दूरी बढ़ाऊंगा,
ब्रह्मचर्य का पालन करने, गुरु चरणों में जाऊगाँ।

- सितम्बर 2011

मैं और मेरी तन्हाई

मैं तन्हाई में अक्सर, खुद से बातें करती हूँ।
पचास पार करके भी, जीना सीखती रहती हूँ।
बढ़ चले हैं सब अपनी राहों और उड़ानों पर और में
खुद को तन्हा पाती हूँ।
मंदिर, किट्टी और सखियों को, तन्हाई का साथी बनाती
हूँ।
समझा और समझाया है मैंने, कई बार अपनों और
बेगानों को।
जीओ खुल के, खुश भी हो लो, पूरा कर लो अरमानों
को।
नहीं है ये सिर्फ मेरी उलझन, यूहीं बीत रहा मुझ जैसो
का जीवन।
फैमिली-फैमिली करते-करते, वार दिया है उन पर
अपना तनमन।

जो चाहो करना अब तुम करलो, अब तुम पर कोई
रोक नहीं।
रोक टोक से बीता बच्चों का बचपन, अब ऐसा कोई
शौक नहीं।
मंदिर में तू चित्त लगा ले, घूम फिर और मौज उड़ा ले।
जीवन के ये पल अब तो जी ले, बीते पल फिर नहीं
मिलने वाले।
नहीं है कोई बैंक बेलेंस अपना, ना कोई सपनों का
महल बना।
छोटे से घर आँगन में, मुझको तो सारा संसार मिला।

- मार्च 2024

मोबाइल की दुनिया

मोबाइल की चकाचौंध में, बच्चों का जीवन सिमट गया।

बाहर खेलकूद की उमर में, उनका खेलना बेडरूम या घर तक रह गया।

कोविड ने बच्चों को पढ़ना-लिखना भी, मोबाइल पर सिखा दिया।

ये अच्छा हुआ या बुरा, ये कोई समझ नहीं पा रहा। घंटो मोबाइल में लगे रहते हैं, बाहर खेलने को वो नहीं जाते हैं।

खुद की भागदौड़ और दोस्त छोड़कर, मोबाइल में गाड़ी की रेस लगाते हैं।

दोस्तों के संग खेलना भूल कर, फोन में ढिशुम-ढिशुम करके आते हैं।

मोबाइल में समाई इनकी दुनिया, इसके लिये वो घर वालों से झगड़ जाते हैं।

मोबाइल अगर ना दो तो, उनका रोना, चीखना होता है।
मजबूर हो रहे माँ-बाप भी, सोचे कैसे पालन पोषण होता है।
डॉ. कहते आँख, कान खराब हो रहे, दिल और दिमाग पर हो रहा बुरा असर ।

फिर भी मोबाइल नहीं छूट रहा, जानकर भी सब हो रहे बेखबर।

बच्चे हो या हो बड़े, सब पर नशा चढ़ा है मोबाइल का।
बहुत कुछ है इसमें समाया, चाहे काम का हो या बिना काम का।

बिना मोबाइल जीवन की कल्पना, हो गई है सभी के लिए मुश्किल।

क्या होगा और कैसी होगी आगे की दुनिया, है सबके लिए बड़ा प्रश्न कठिन?

- 22 जून 2024

माँ-बाप की उपेक्षा

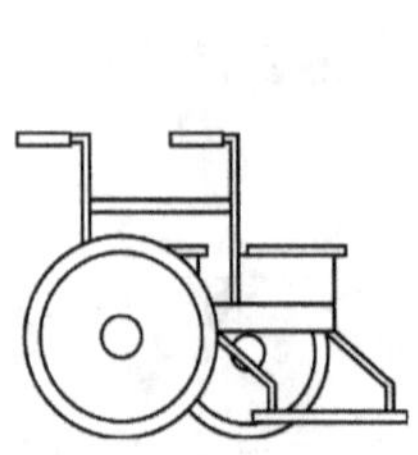

माँ बाप से अनजान हो गए ऐसे,
जैसे हो कोई वो गैर यहाँ।
तोड़ लिये सारे रिश्ते-नाते उनसे,
जिनसे पाया है तुमने सारा जहाँ।
पाने को तुमने रंगीली महफ़िल,
छीन ली उनसे उनकी मंज़िल।
जिसने रोशन कर दी कायनात सारी,
तुम पर वारी जायदाद प्यारी।
क्या ये उनका कसूर है?
अब दर-दर भटकने को मजबूर हैं।
जो सपने देखे थे उन आँखों ने,
हुए वो आज चकनाचूर हैं।
माँ की ममता हुई बेहाल है,
सोच में डूबी, क्या यही मेरा लाल है।
आँखे झर-झर झरने सी बहती,
पिता की हालत चुप्पी कहती।
सींचा था अपने खून से जिसको,
किया है बाहर उसी ने हमको।

मांगी थी रब से लाखों दुआएँ,
एक कुलदीपक से झोली भर जाए।
क्या इसीलिए तुम्हें किया बड़ा है?
भविष्य तुम्हारा भी सामने खड़ा है।
आज है जो बोया वही तो कल पाओगे,
बन बैठे कपूत तो सपूत कहाँ से लाओगे!

- सितम्बर 2004

परीक्षा

हाय परीक्षा हाय परीक्षा, सर पर आई परीक्षा।
नींद उड़ाए चैन चुराए, सबको जगाए परीक्षा।
मास्टर जी के सर पर आया, पेपर बनाने का झंझट।
ये भी दे दूं वो भी दे दूं, बच्चों की होए मुसीबत।
कमज़ोरों के दिल में नाचें, पेपर चुराने का करतब।
जाकर बहुतेरे दिल टटोले, बड़ी हो गई कसरत।
लगे पढ़ाकू किताबें टटोलने, समझूँ और समझाऊँ।
भोले बेचारे डर कर सोचे, पास तो मैं हो जाऊँ।
चुन्नू मुन्नू की है परीक्षा, मम्मी को चिंता सताए।
भागे दूर किताबों से वो, पढ़ने को बैठा न जाए।
खेलकूद और मस्ती छूटी, छूटा टीवी, फोन।
पापा को अब आए गुस्सा, उससे बचाए कौन।
मेरी गुड़िया मुझसे बोली, माँ तुमको है आराम।
नहीं तुमको है पढ़ना पड़ता, क्यूँ मेरी खाती हो जान।

- जनवरी 2013

अपराधी का आत्म चिंतन

अपनी परछाई से डरता हूँ,
खुद से ही घबरा जाता हूँ मैं।
अपराधों के छोटे- छोटे कदमों से,
भरकर लम्बी छलांग कहाँ पहुँच गया हूँ मैं।
आईना भी डराता है मुझको,
चेहरा भयानक नज़र आता है उसमें।
उस रूप से परिचय पूछता हूँ,
क्या हूँ और कौन हूँ मैं?
कभी बना था राम यहां तो कभी बना रहीम,
नानक का था चेला या अल्लाह का करीम।
कांपती थी कभी जिन कदमों की आहट से,
हर गली मुहल्ले की आवाज़ें।
घायल है उन क़दमों की आहट,
सहमी भी है वो घुर्राहट।
एक पहचान थी जो मेरी अपनी,
आज कहीं वो खो गई।

ढूँढा दिल के हर कोने में उसको,
कोई पुकार न आई मुझको।
गूंजती है मासूमों की मेरे कानों में चिल्कारे,
घूरती हैं वो नज़रें मुझको पुकारती वो आवाज़ें।
है बोझ मेरे सिर कितनी नन्ही जानों का,
घोटा है गला कितनो के अरमानों का।
हुआ हूँ आज खुद से घायल,
अपने अपराधों के बोझ तले।
अपने पन को खोज रहा हूँ,
अपने मन को खोज रहा हूँ।
जान नहीं पाया खुद को,
प्रभु तेरी शरण को तरस रहा हूँ।

- जनवरी 2013

जीने की राह

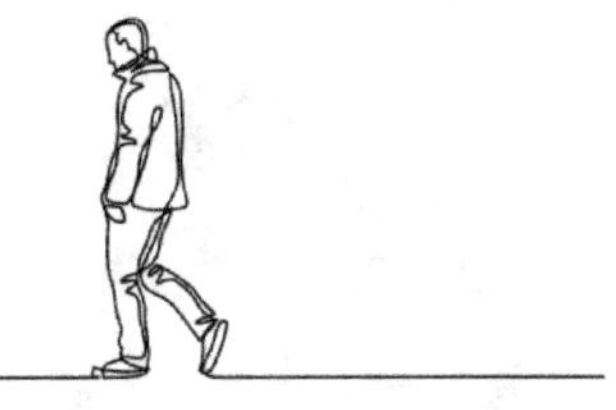

अंसुअन की धारा बन के निकल पड़े अरमान तिहारे,
दुनिया से छिप-छिप के भीगे सांझ सवेरे नित नैन तिहारे।
गमों के सागर में डूबे अब अरमानों की आस नहीं,
अगली राह तो ढूँढ ले राही ये जीवन की शाम नहीं।
आज संभल जा कल आयेंगे मौके कई उड़ान के,
मन को अपने बस में कर ले हार जीत तो बस नाम के।
आज मिली है एक हार तो राही कल
आयेगी दस जीत भी,
जीवन है सुख दुख का
नाम जीवन का है यहीं संगीत भी।
ढूंढ ले नया मकसद जीने का कर
ले खुद को उसके नाम,
अपनी मंज़िल अपना मकसद दे
दे अपनी सुबह और शाम।
इंसा है, तु नादां न बन जीवन लेना तेरा काम नहीं,
बाँट कर खुशियाँ खुश हो ले ये तो कोई मुश्किल काम नहीं।

- जून 2013

मैं और मेरी बेटियाँ

मैं और मेरी बेटियाँ अक्सर ये बातें करते हैं,
वो बेटा होती तो कैसा होता।

क्या बेटा बनकर अगर वो बदल देता मेरी तकदीर तो,
बेटियाँ क्यूँ नहीं बदल सकती मेरी किस्मत।

आज आगे बढ़ गया है ज़माना अब वो पहले वाली बात
नहीं,
एक कदम भी पीछे रह जाए ऐसी कोई वजह आज
नहीं।

तुम ही मेरा अंश हो तुम ही मेरा वंश हो,
हमारे तुम्हारे सपनों को पूरा करने को, तुम पूरी तरह
स्वतंत्र हो।

वो पूछती है अक्सर मुझसे, क्या तुमको भी बेटे की चाहत थी,
मैं कहती हूँ बिटिया हमें तो
बस अपनेपन की आहट थी।

बेटियों की शिक्षा ने बदल दी है आज समाज की तस्वीर,
शिक्षा के बल पर ही बदल रही है वो अपनी और परिवार की तकदीर।

हम माँ बेटी अपने दिल की बातें एक दूसरे को बतलाते हैं
बातों ही बातों में एक दूजे के बेस्ट फ्रेंड बन जाते हैं।

तुम ही हमारी जान हो, तुम ही हमारा अभिमान हो
परायी नहीं कहेंगे कभी, तुम हमारे घर की शान हो।

- मई 2023

बेटी सयानी हो चली

हमारी नन्हीं सी कली, नाज़ों से पली,
हमें छोड़ के अब पराई हो चली।
गुड्डे-गुड़ियों के दिन बीते, बीत गया है बचपन,
पोंछती है अब मम्मी-पापा के आँसू सयानी हो चली।
छूट रहा है बाबुल का घर आँगन,
बहना संग बीतें पलों की यादें अपने संग ले चली।
फैलाकर रखती थी जो कभी कमरा अपना,
आज सब समेट कर, घर हमारा सूना कर चली।
तू खुश रहना मेरी लाडो अपने नये घर परिवार में,
अब ये घर पराया हो रहा है तू विदा हो चली।
तेरी याद तो बहुत आयेगी, हर पल हमें रुलायेगी,
बस तेरे चेहरे की मुस्कान, सुकून हमें दे जायेगी।

\- 5 मई 2023

किटी और सखियाँ

किटी में सब मिल खिलखिलाती सखियाँ।
अपना घर आंगन कुछ पलों को भूल जाती सखियाँ।
खेल खेलती जीती बचपन, अपनी उम्र भूल जाती
सखियाँ।
चाय की चुस्की और पकौड़ों के संग बातों बातों में
दुनिया घूम आती हैं सखियाँ।
एक दूसरों की हर मुश्किल को आसान बना देती है
सखियाँ।
घर परिवार से बाहर भी है दुनिया,
यह एहसास कराती हैं सखियाँ।
छोटी-छोटी ख़ुशिया सहेजने,
आढ़े-टेढ़े फोटो खिंचवाती हैं सखियाँ,
उमर वज़न की बातें करती, फिर फिट रहने के तरीक़े
बताती हैं सखियाँ।
महीने भर के इन कुछ पलों का,
बेसब्री से इंतज़ार करती हैं सखियाँ।
सुख में सबसे खुशियां बाँटती,
दुख में मरहम बन जाती हैं सखियाँ।

- 15 फ़रवरी 2024

नव विवाहित जोड़े की भावनाएँ

उड़ रहे हैं हम और तुम,
आसमान की ऊंचाई में।
बज रहे हैं हम और तुम,
सुरीली सी शहनाई में।
बह रहे हैं हम और तुम,
नदियों की धाराओं में।
झूल रहे हैं हम और तुम,
संग पेड़ों की लताओं के।
उछल रहे हैं हम और तुम,
गिरते झरनों की ऊंचाई में।
खिल रहे हैं हम और तुम,
सँग बागों की कलियों के।
झूम रहे हैं हम और तुम,
संग नशीली फ़िज़ाओं के।
संभल रहे हैं हम और तुम,
अनजान वतन की राहों में।
बन रही है मीठी यादें,

संग प्यारा सा जीवन गुज़ारने।
लहराते से डोल रहे,
एक दूजे के प्यार में।
हम हर पल दो दिल एक वादा करते,
चाहे सोते हो या जागते।

- 10 मार्च 2024

माँ का समय तब और अब

समय की धारा बहती जाती, पल-पल ये अहसास
कराती।
रुकता नहीं है वक्त कभी भी, ज़िंदगी तो है आती
जाती।
एक था वक्त वो जब पहन पैजनिया,
ठुमक-ठुमक कर चलती दोनों।
आज अपने अरमानों को करने पूरा,
लिए हौसलों के पंख चल दी दोनों।
कभी अपनी चटर-पटर से,
सबको खुश करने वाली नन्ही कलियाँ,
अब अपने तर्कों और सूझ-बूझ से बना रही अपनी
दुनिया।
तब दिन भर जो हो हल्ला करते, और फैलाते सब ओर
सामान,
अब ढूँढ रही हूँ उनके उन दिनों को, जो फिर से आए
काश।

एक था पल वो जब सोच रही थी, जल्दी हो जाए बड़े और हमें मिले आराम,
आज सोच रही हूँ जीना है फिर से उन दिनों को,
चाहिए फिर से वो प्यारी मुस्कान।
तब हरा-भरा सा रहता आँगन, कानों में घुलती मीठी सी तक़रारें,
अब सब सूना-सूना सा लगता मुझको, चाहे दिन हो या हो रातें।
तब स्कूल से आते, रोज़ नई कथा सुनाते, घूम घूमकर सब बताना जैसे उनका काम,
अब तो खाली-खाली कमरे लगते, और तकिया चादर भी चिढ़ाते सुबह शाम।
लगता है जैसे कल ही की बात है, लेकिन सच में बहुत पुरानी बात है,
क्यों वक्त इतना जल्दी बीत गया और बच्चों का बचपन बीत गया।

- मार्च 2024

परिवार, समाज और निर्माण

ये विधी का विधान है, करना नये जहाँ का निर्माण है।
बनाना होगा एक रिश्ता नया, निभाना होगा एक
नाता नया।
आ जाता है एक फूल आँगन में, दो जिस्म और एक
जान है।
माली बन कर पिता बगीया सींचें, खिले उपवन
में उसकी जान है।
ममता की छाँव में जीवन पलता, लगा देती जी जान है।
मिलजुल कर परिवार बनता, फले फूले ये अरमान है।
परिवार से पीढ़ी बढ़ती जाती, होता रहता नव निर्माण
है।
समाज, गाँवों से संस्कृति बनती, संस्कृति को बचाना
सबका काम है।
स्वार्थ त्याग के भावों से करना, हमको देश का
कल्याण है।
ये जीवन आए काम देश के, हम चाहते ये वरदान है।

बचपन

वो बचपन के दिन,
बहुत याद आते हैं।
वो बारिश में नहाना
और दीदी को सताना।
छत की मुंडेर पर
पतंग उड़ाना।
कटी पतंग का
माँझा चढ़ाना।
वो बचपन के दिन
बहुत याद आते हैं।
बरसात के आते ही
कागज़ की नाव बनाना।
फ्रिज की आइसक्रीम,
चट कर जाना।
वो साइकिल को
तेज़ दौड़ना।
वो बचपन के दिन
बहुत याद आते हैं।
और पेड़ों पर चढ़कर,

आमो को तोड़ना।
नानी-दादी से रोज़
कहानी सुनना,
और मम्मी की लोरी
सुन के सोना।
वो बचपन के दिन
बहुत याद आते हैं।

- 07 जुलाई 2007

आम आदमी का सपना

एक सपना देखा था मैंने,
एक सपना देखा अन्ना ने।
अपना सपना साकार करने की,
हिम्मत नहीं थी मुझमें।
अन्ना ने अलख जगाकर,
अनशन कर दिया दिल्ली में।
हिल गई दिल्ली पुलिस परेशान हो गई सरकार,
दम कर दिया नाक में।
मेरा सपना मेरा ही था,
देश का सपना बना दिया अन्ना ने।
ऐसे गाँधीवादी, बाबा कितने हैं?
मेरे प्यारे भारत में।
आओ भ्रष्टाचार की धज्जियाँ उड़ाने,
जुड़ जाए इस अभियान से।
भ्रष्टाचार से मुक्त भारत का सपना,
बदले हक़ीक़त में शान से।

- अगस्त 2011

तुम्हारा प्यार

ये इख़्तियार है हमें तुम पर के तुम हमें भुला न दोगे,
फिर भी करो हमसे ये वादा कभी तुम मुझसे जुदा न
होगे।

प्यार तुम्हारा पाऊं हमेशा मेरे जीवन की ये पहली
तमन्ना है,
मेरा साथ कभी न छूटे तुमसे यही बस मेरा एक सपना
है,
ग़र हुई कोई भूल छोटी सी तो मुझसे हाथ छुड़ा तो न
लोगे।

प्यार की इस हसीं दुनिया में मेरे जीवन का ये पहला
कदम है,
देखूँ सपने मैं जिसके हमेशा कोई और नहीं वो मेरा
हमदम है,
मेरा दिल तुमसे चाहे ये वादा कभी तुम मुझको दगा न
दोगे।

तुम्हारा पाकर प्यार मैंने खुद को खुशकिस्मत माना,
मेरी इस खुशी को सनम तुम भी अपने गले लगाना,
ग़र कर जाऊं मैं कुछ तुमसे शिकायत कहो तुम मुझसे
ख़फ़ा न होंगे।

- नवंबर 1994

इंतज़ार (गीत)

इंतज़ार की ये घड़ियां, खत्म होगी कि नहीं,
दिल ये पूछता है उनसे मुलाकात होगी कि नहीं।

कैसे खत्म होगा ये सफर इंतज़ार का,
कोई पहुंचा दे उन तक ये तोहफ़ा मेरे प्यार का
कैसे दिन बिताऊं और ये रातें गुज़रती ही नहीं।

उनसे मिलके यूं लगा कि ज़िंदगी को राह मिल गई,
अभी तो कुछ पल ही मिले थे ये दूरियां क्यूं पड़ गई
ये आँखे बरस जाती हैं और थमती ही नहीं।

मैं यादों में उनकी खो जाती हूँ जब तन्हाई में होती हूँ,
गम तो ये हैं कि हरदम खुद को तन्हा ही पाती हूँ,
गिला शिकवा नहीं इसका कि वो याद करते हैं कि
नहीं।

- नवंबर 1994

विनती

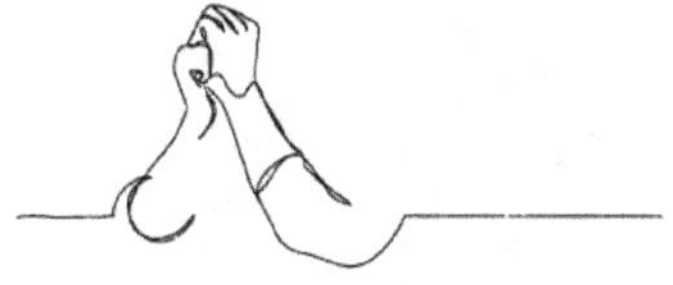

प्रभु तुम्हारे चरणों में नित वंदन करने आता हूँ।
अब तो बेड़ा पार लगा दो यही विनती तुमसे करता हूँ।

प्रभु जी मेरी नैया तो भवसागर में है डोल रही,
कभी स्वर्ग में कभी नरक में यूँही झूला झूल रही,
क्यूँ कर्म किये मैंने ऐसे ये सोच-सोच घबराता हूँ।
अब तो बेड़ा पार लगा दो यही विनती तुमसे करता हूँ।
कब तक मेरे कर्मों की ज्वाला मुझको यूँ भटकायेगी?
क्या-कभी पुण्यों की ज्योती मुझको राह दिखायेगी?
किसी तरह मुक्ति मिल जाए ये मैं तुमसे आस लगाता हूँ।
अब तो बेड़ा पार लगा दो यही विनती तुमसे करता हूँ।

प्रभु तुम्हारी भक्ति में, मैं ये जीवन अर्पण करता हूँ।
अब तो दरस दिखादो मुझको, तुम्हें पाने को में तरसता हूँ।
तुम ही मेरा उद्धार करोगे ये सोच धन्य-धन्य हो जाता हूँ।
अब तो बेड़ा पार लगा दो यही विनती तुमसे करता हूँ।

\- सितंबर 2011

सावन (गीत)

सखी आया है सावन, देखो पड़ गए झूले।
सावन की फुहारों में, मन मेरा झूमे।

राधा झूले कान्हा संग, खड़ी देखे सब गोपियाँ।
भये पिया परदेसी, झूले मेरे संग सखियाँ।
सखी.....
देखो सूरज की किरणों की ताका-झांकी हो रही।
बादलों की ओट में धूप भी खो गई।
सखी.....
सावन की रुत आई, मेरी मन बगिया खिली।
पाती पिया की मिली तो, झूमूँ मैं मन की गली।
सखी.....

- अगस्त 2012

सावन में विरह का गीत

गए आज सजन परदेस, मोहे अकेला छोड़ के।
कैसे कटे दिन रैन, पिया गये दिल तोड़ के।

सावन की ये ठण्डी फुहारें लगती मुझको अंगारो सी,
सूरत तेरी भोली-भाली लगती मुझको प्यारी सी।
याद में तेरी तड़पूं मैं तो सारी दुनिया छोड़ के।
कैसे कटे दिन रैन, पिया गए दिल तोड़ के।

आज सजाऊँ मैं तो साजन मेरे मन का बिछौना,
सावन का ये मौसम तो छेड़े मन का कोना-कोना,
बिसरा के पिया चल दिये तार दिलों के छेड़ के।
कैसे कटे दिन रैन, पिया गए दिल तोड़ के।

- अगस्त 2012

जीवन (आत्महत्या)

जीवन तो है अनमोल रतन,
क्यूं इंसा थककर हार गया।
पूछो उस माता से जाकर,
कैसे पाला है अपनी कोख में रखकर।
अभी तो करने हैं नित काम नये,
तुमको रचने हैं कई इतिहास नये।
एक छोटे पत्थर से जो घबराएगा,
क्या पर्वतों से जाकर टकराएगा।
होगी राह में मुश्किले कई सारी,
एक दिन मानेगी तुमको दुनिया सारी।
देखेगें एक खुली आँखों से सपना,
सपने को देंगे तन मन अपना।
काटों भरी राह से डटकर,

करे मुकाबला पहुंचे मंज़िल पर।
गर मंज़िल से पहले फिसल भी गये तो,
हार कर जीना नहीं छोड़ेंगे अपना।
इस जीवन के बाद क्या तू,
फिर ये पल जी पाएगा।
पछताकर भी तेरी आत्मा,
फिर तु कुछ नहीं कर पाएगा।

- अगस्त 2012

बरसात

एक लम्बे इंतज़ार के बाद,
आखिर आ गई बरसात।
मौसम है सुहाना,
अठखेलियां करता वो पक्षियों का झुण्ड,
लेकिन इसे देखने की फुरसत कहाँ।
उफनने लगे हैं नाले, चौड़ी हो गई नदियाँ,
कलकल करता बहता पानी झूमती सुबह शाम सुहानी,
लेकिन इसे देखने की फुरसत कहाँ।
माटी की सौंधी सी ख़ुशबू, खेतों में मगन किसान,
ये लहराते हुए खेत और रिमझिम बरसता पानी,
लेकिन इसे देखने की फुरसत कहाँ।
वो आसमानी इन्द्रधनुष छा गया है धरती पर भी,
रंग-बिरंगे फूलों पर,
मण्डराये तितलियाँ और भोंरें भी,
लेकिन इसे देखने की फुरसत कहाँ।
शहरी जीवन की आपाधापी में,
खो गई गावों की ख़ुशबू,
हो गये हैं बारिश से,
सड़कों पर भी गड्ढे,
लेकिन इसे देखने की फुरसत कहाँ।

- अगस्त 2012

बाढ़ का मंझर

बाढ़ का देखा एक मंझर ऐसा,
थम गई सांसे बरसा ऐसा।
जीवन कहलाने वाला पानी,
सोच के बरसा जैसे करने शैतानी।
क्यों रोकी तुमने मेरी राहें,
किया मजबूर तुमको भरने आहे।
लील गई ज़िंदगियाँ कई सारी,
लगता था जैसे अब मेरी बारी।
हर तरफ एक चिल्कार थी,
अपनों को बचाने की पुकार थी।
साइकल, स्कूटर और मोटर कारें,
लगती थी हमको सारी नाकारें।
बह गए सारे झोपड़े पानी में,
की थी जो गलती हमने नादानी में।
भुगत रहा था सज़ा उसकी सारा शहर,
भूख से तड़फा था इंसान न जाने कितने पहर।
किया है इंसान ने आज वहाँ बसेरा,
जहां सदियों से था नदियों का पहरा।
लगता था मिलकर नदियाँ सारी,
करती थी एक सवाल हमसे भारी।

क्या तुम मुझे रोक पाओगे?
इतनी ताकत कहाँ से लाओगे?

- सितंबर 2012

भ्रष्टाचार

भ्रष्टाचार आज बना है, यहाँ एक खेल देखो,
लिये-दिये बिना बने न कोई काम देखो।
चपरासी की मुट्ठी को भी करो न जब तक गरम,
समझे खुद को राजा, पड़े न वो कतई नरम।
हम भी खाएँ, तुम भी खाओ जैसे सरकारी रीत यही,
माल निकालो काम बना लो, नहीं तो खड़े रहोगे यूँही।
बेच कर ईमान चल पड़ा है, हर इंसान इसी राह पर,
मिले जिसे भी मौका भुना लेता है उसे वहीं पर।

आया है आज वक़्त कैसा, हज़म है चारा, कोयला भी,
भूख न शांत हुई वेतन से तो करने लगे घोटाला भी।
भ्रष्टाचारी दुनिया में जीते हैं ऐशो आराम से,
दीन-दुखी नित चक्कर काटे ऑफिस में काम से।
दूसरों की फाईल जिसने कभी न आगे सरकाई,
आज अटकी उसकी पेंशन कैसे करे भरपाई।
धनकुबेर बन बैठे भ्रष्टाचारी, ये है देश की लाचारी,
देख देखकर बच्चा भी सीखे यहाँ ऐसी ही दुनियादारी।

आसमान को पाने की चाहत में मेहनत से जी चुराते हैं,
पाप का घड़ा जब फूटे तो जेलों में सड़ने जाते हैं।
चूस के लहु इंसानों का, लाखों करोड़ों बनाते हैं,

फुदक कर पहुंचे आसमां पर, गिरे तो पाताल ही जाते हैं।
ऐसे इंसान अपने बच्चों को क्या दे पाते हैं,
देखे भारत की कैसी तस्वीर अब भारतवासी बनाते हैं।

\- सितंबर 2012

मानवता के दुश्मन

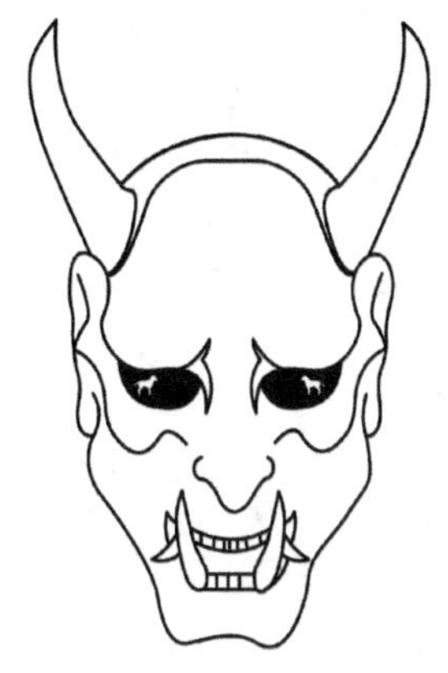

ये मानवता के दुश्मन हैं कौन?
कोई नहीं जानता इनको।
भयानक कृत कर जाते हैं,
भनक तक नहीं लगती किसी को।
कितनी माँ की गोद उजड़ी,
कोई फर्क नहीं पड़ता इनको।
हर सूनी मांग और अनाथ हुए बच्चों की,
पल-पल लगती हाय इनको।
हर दिन खून की होली खेलना,
इसके सिवा कुछ नहीं आता इनको।
देश की सुख शांति और समृद्धि,
फूटी आँख नहीं सुहाती इनको।
क्या कोई इनके दिल को छू पाएगा?
क्या इसका उत्तर कोई दे पाएगा?

- 2006

नववर्ष

रोशन है आज कायनात सारी,
आया है फिर एक बार नव वर्ष।
जागी है उमंगें, बुने हैं सपने,
कर देगा सबके सपने साकार नववर्ष।
करते हैं स्वागत तेरा नई आशाओं के साथ,
पुलकित मन की फुलझड़ियाँ,
झगमग करती निराशा के घोर अंधेरों को।
सबके अपने अपने सपने,
बच्चे सोचे छोड़ पढ़ाई, खेले जमके,
अपनी दुनिया नई बन जाये,
कंप्यूटर, टीवी, मोबाइल ही काम आये।
युवाओं के सपने उनके मन की उड़ाने,
कराती है सबको एहसास।
साथ अगर सच्चे हौसलों को मिल जाए,
छू लेगा भारत एक दिन आसमान।
भारत के मन की भी लाचारी,
कैसी है ये दुनियादारी?

बढ़ते ही जाते भ्रष्टाचारी,
इत उत डोले बलात्कारी।
नववर्ष रक्षक बन कर आये,
कानून इनके सर चढ़ जाये।
होगा भारत का सपना भी पूरा,
छूटेगा न कोई काम अधूरा ।

- जनवरी 2013

पुनम की रात

जगमग करते तारों के संग,
आई है पूनम की रात।
चाँद बना है दुल्हा, तो तारों की बारात,
दुल्हन बनकर आज चाँदनी,
उतरी है पावन धरती पर।
खुश है कायनात सारी,
इस मिलन की बेला पर।
छिप गया अमावस का अंधियारा,
फैली है चाँद की चाँदनी।
सबकी नज़र टिकी चन्द्रमा पर,

बाहों में है साजन की सजनी।
घट बढ़ कर चंदा का रूप,
चढ़ा है आज परवान पर।
देख चाँदनी की सुंदरता,
मन का मयूर नाच उठा है।
देख आसमान के नज़ारे,
पूर्णमासी की इस छटा के,
साक्षी है साजन साथ हमारे।

- फ़रवरी 2013

हमारी लाड़ो

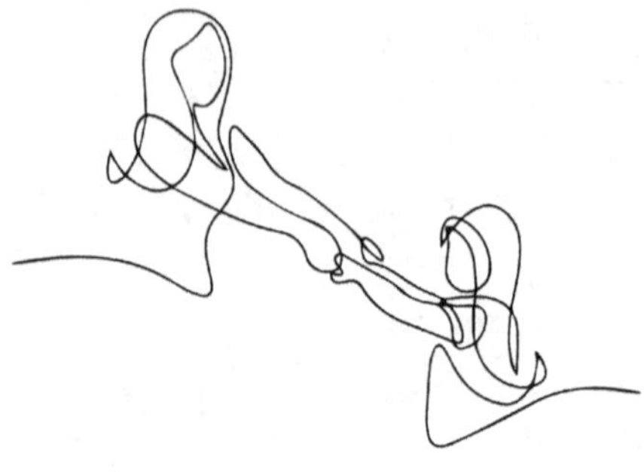

हमारी लाड़ो हो गई है तैयार,
अपने नये घर संसार में जाने को है तैयार।
पापा के घर आँगन को छोड़कर,
खुद की गृहस्थी बसाने को है तैयार।
अरमानों की बाँध पोटली,
बिटिया उड़ने को है तैयार।
साजन, सास-ससुर के दिल में,
अपनी जगह बनाने को है तैयार।
छोटा सा इक सपना दिल में लिये,
सबकी ख्वाइश पूरी करने को है तैयार।
नाजुक कोमल नन्ही बिटिया,
कब हो गई इतनी बड़ी,
अब इस घर से विदा होने को है तैयार।
जैतावत परिवार का नाम किया है,
अब कासलीवाल परिवार की जान बनने को है तैयार।

- 04 अप्रैल 2023

सगाई

आज खुशी से आँख भर आई हैं,
बिटिया हमारी होने वाली पराई है।
परिवार में खुश है सब, हो रही आज उसकी सगाई
है।
जीवन साथी अपना चुन के, रज़ामंदी सबकी पाई है।
जोड़ के नये परिवार से नाता, उसके चेहरे पर रौनक
छाई है।
अब उस घर का मान-अभिमान है तू,
आँखों में भर कर आँसू, देनी होगी तुझे विदाई है।

- 18 अगस्त 2023

बिटिया की शादी

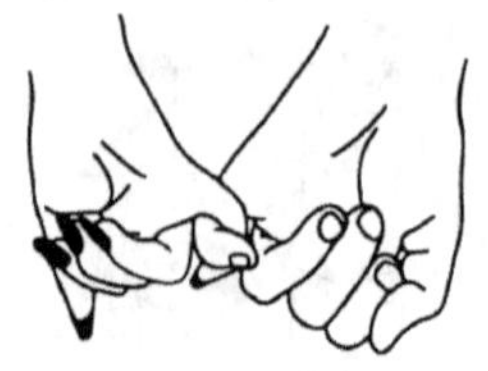

हमारी लाडो की शादी का पल आया है,
हमने आपको दिल से बुलाया है।

आना है आपको आशीर्वाद के साथ,
करनी है बिटिया पर दुआओं की बरसात।

नन्हीं सी हमारी जान, आज इतनी बड़ी हो गई,
खिलानों से खेलने वाली, आज परायी हो रही।

दुनिया की रीत हमें भी निभानी है,
इस रीत के आप सब बने साक्षी, लाडो की विदाई
करानी है।

छूटेगा घर आँगन और सखियाँ प्यारी,
आई है बिटिया रानी पर अब, बहू बनने की
ज़िम्मेदारी।

ज़िंदगी की नई राहों में रखना कदम सँभाल के,
हर कदम अपनापन देगा, इसे निभाना बड़े प्यार से।

- अक्टूबर 2023

मेरी नींद

मोबाइल की रंगीन दुनिया में,
नींद और मेरा कोई तालमेल नहीं।
मैं उसे पसंद नहीं,
वो मेरे पास आती नहीं।
समीप ही पतिदेव सोते हैं, उनसे उसका गहरा नाता
है।
बिस्तर पर लेटते ही, उसे बुलाया जाता है।
वो झट से दौड़ी आती है, और आंखों में समा जाती है।
मैं करवट बदल-बदल पुकारती रहती हूँ,
भगवान से भी माला गिन-गिन, विनय करती रहती हूँ।
मेरी आंखों में कोई खास ख्वाब नहीं,
मुझे सुलाना कोई ज़रूरी काम नहीं।
जाकर आती है पूरे शहर की आंखों में,
फिर चुपके से मेरे पास आ जाती है, थोड़ा सा सहलाती
है।
हो ना जाऊं उससे ख़फ़ा, तो सपनो में ले जाती है।
सपनों से बाहर फिर वो, सुबह को ही लाती है।

- 8 मई 2024

दोस्त और दोस्ती

दोस्त और दोस्ती के खास हैं वो पल,
जो गुज़रे हैं उनके साथ आज और कल।

दोस्ती का रिश्ता है बड़ा पावन सा,
कोई स्वार्थ नहीं है इसे निभाने का।

हर उम्र और हर इंसा के दिल में,
दोस्ती ने जगह बनाई है।

बहुत ही खुश होते है बच्चे,
जब उम्र में होते है कच्चे।

खेलते हैं जब दोस्तों के संग,
चढ़ जाता है दोस्ती का रंग।

भूल जाते हैं खाना-पीना, नींद और सारे काम,
खेलो-कूदो, भागो-दौड़ो, यही करते सुबह-शाम

बचपन से जब थोड़ा बढ़कर,
किशोरवय में कदम बढ़ाए,
माता-पिता से भी ज़्यादा उनको,
अपने करीब दोस्त ही नज़र आए।

माता-पिता की रोक-टोक लगती है बेमानी,
मित्रों की संगत लगती प्यारी, करते हैं वो मनमानी।

जब आया वक्त यौवन का तो,
संग संकोच और लाज शर्म भी लाया।

कर ना सके जो बातें घर और परिवार में,
जाकर बैठे यारों के संग और खुल कर बतियाया।
दोस्तों के संग हौसलों से उड़ना है आसमान में,
छू ले नई बुलंदियों को, दोस्ती का अरमान ये।
वक्त बदलता मित्र भी बदलते, कोई नहीं है सदा,
आज यहाँ तो कल वहाँ, किसी का मित्र तो रहेगा सदा।

हर इंसा के सुख-दुख में, काम आई यारी है,
परिवार से भी बढ़कर आगे, समझी ज़िम्मेदारी है।
मात-पिता हो या भाई-बहन, सबके तो है दोस्त यहाँ,
मिलकर दोस्तों के संग, खिलखिलाता है सारा जहां।
दोस्ती तो अनजानों का रिश्ता, जिसका कोई मोल
नहीं,
तोल सके जो यारों की खुशियाँ, ऐसा कोई तोल नहीं।

- 14 मई 2024

हाय ये गर्मी

उफ! ये गर्मी, हाय ये गर्मी,
सुबह शाम सताए गर्मी।
पूरब से पश्चिम, उत्तर से दक्षिण,
चारों ओर आग बरसाए गर्मी।

सूरज के देखो तो तेवर,
डिग्री पे डिग्री और बढ़ती जाये गर्मी।

पंखे, कूलर, एसी भी फेल हो रहे,
ऐसे तेवर दिखा रही गर्मी।

फ्रिज का सामान भी ठण्डा नहीं हो रहा,
जैसे हँस-हँस कर चिढ़ाए गर्मी।

दिन में सड़कों पर पसर रहा सन्नाटा,
बस लू के थपेड़े चला रही है गर्मी।
कपड़े तो क्या इंसा, जानवर भी सूख रहा है इसमें,

कइयों को मौत की नींद सुला रही है गर्मी।
अब बस बहुत हो चुका इसका तांडव,
धीरे-धीरे बादलों और बारिश में बदल जाए गर्मी।

- 09 जून 2024

समस्याएँ

प्यार
जो ईंट पत्थर का ही होता घर तो,

प्यार को दिल में बसाता कौन?
गोरक्षा
अगर माँ जन्म देकर ही कहलाती तो,
गाय को माता कहता कौन?
भ्रूण हत्या
माँ ही कोख उजाड़ डाले तो,
जीवन दायिनी कहलाये कौन?
डॉक्टर
गर रक्षक ही भक्षक बन बैठे तो,
जीवन की आस बंधाये कौन?
माता-पिता की सेवा
जो माता-पिता बोझ लगने लगे तो,

कल तुम्हारा बोझ उठाएगा कौन?
प्रदूषण
गर ज़हरीली कर बैठे तुम नदियाँ तो,
सबकी प्यास बुझाएगा कौन?
दहेज़
जो बेच ही डालोगे कुलदीपक तो,
कुल की लाज बचाएगा कौन?
आत्महत्या
थक कर हारे जो इस जीवन से तो,
संघर्ष करना सिखाएगा कौन?
- अगस्त 2012

सुख और दुख

सुख और दुख, जीवन के दो पड़ाव हैं।
इसमें एक का नाम उतार तो दूजे का चढ़ाव है।

कोई इनको कहता धूप और छाँव है।
कभी मुस्कुराते चेहरे तो कभी छलकती आँख है।

सुख दुख तो दिन-रात जैसे, चक्र बदलता रहता है।
कहीं खुशियों का है सवेरा तो कहीं अंधियारी रात है।

हर इंसा का अपने जीवन में, पड़ता है इन दोनों से
वास्ता,
कभी मिलती है कामयाबी तो कभी टूट जाता है सपना
रात का।

पल तो ये है आने जाने वाले, कभी नहीं ठहरने वाले,
हर पल को तू संयम से जी ले, बढ़ता चल आगे बढ़ने
वाले।

मत कर अभिमान तू, माया, पद और काया का,
नहीं है आज किसी को भरोसा, खुद अपने ही साया
का।

कल का पल आज और आज का पल कल हो जाएगा।
आज का बच्चा कल जवान, फिर बूढ़ा होकर इतिहास
भी हो जाएगा।

काम कुछ ऐसे खास कर लो, जग में नाम रहे याद
सदा,
नहीं तो औरों की तरह ही हो जाओगे तुम इस जग से
विदा ।

- 25 जून 2024

यादें मेरे बचपन की

याद आ रही है मुझको, भूली बिसरी यादें मेरे बचपन की।

वो चूल्हे की पकी मक्की की रोटी और महक मम्मी के हाथों की।

पैदल ही होता था स्कूल जाना और कंधे पर भारी बैग लटकाना।

उमंग से सखियों संग बतियाते जाना फिर लंच ब्रेक में घर आकर खाना ।
मास्टर जी की होती थी सख्ती तो गृह कार्य में दिखती थी फूर्ती।

खुद मम्मी भी थी मास्टरनी हमारी, स्कूल में रौब
दिखाती थी भारी।

भाई और मैं थे रोज़ झगड़ते, मम्मी स्कूल से आ के सर
पकड़ते।

हम उम्र होने के कारण था झगड़ा, कौन मान जाए
नाक का सवाल था तगड़ा।

नहीं कोई ट्यूशन या हॉबी क्लास का झंझट, निकल
पड़ते दोस्तों के संग फटाफट।

बाहर खेलना जैसे रोज़ नियम था, सभी तरफ तो यही
चलन था।

गर्मी की छुट्टियों की बात थी न्यारी, गाँव में राह देखती
नानी प्यारी।

छुट्टियों में स्कूलों में होता आराम, घर में करते सारे
बच्चे घमासान।
सखियों मेरी लता, हेमा, गुड्डी, पिंकी, खेलते कंचे,
लगंडी टांग और छुपनी।

सावन के झूले भी डाले हैं, सब घर के पेड़ों पर,
खूब झूले हैं संग सब के, खाए खूब आम और कीकर।

सतोलिया, मारदडी में खूब भागते, थक कर चूर होते
तो घर आते।

मम्मी का गुस्सा झेलते जाते, फिर घर के काम में हाथ
बटाते।

छोटी-छोटी यादों में गाँव की महक और भोला मासूम
बचपन है।
अभी का बचपन कुछ और है, टीवी, मोबाईल का नशा
चहुँ ओर है।

- 01 जुलाई 2024

वंदन (भजन)

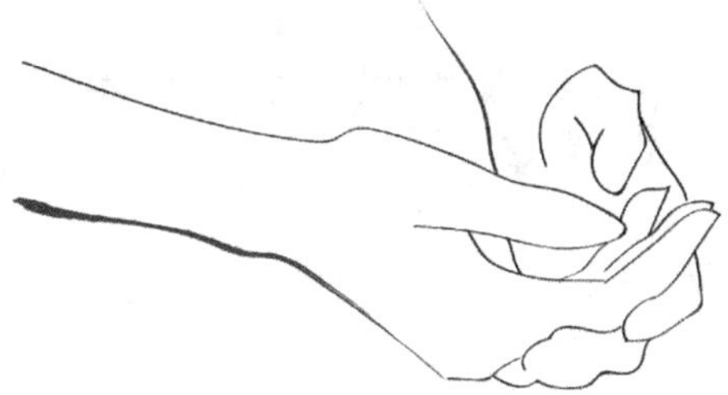

करते हैं जिनवर को वंदन, प्रभु आज तुम्हारे चरणों में,
मैं राह भटक कर आया हूँ, पाने को क्षमा तुम्हारी
शरण में।

करता था अब तक मनमानी, भोगों को समझा
सुखदानी,
राग द्वेष में रहा उलझा, माना लक्ष्य और की नादानी,
अब पाय पुण्य सब बंध छोड़, वैराग्य के भाव है मेरे
मन में,
करते हैं जिनवर को……

कर्म किये अब तक खोटे, रत्नत्रय का कुछ ज्ञान नहीं,
मिले सम्यक दर्शन, ज्ञान, चारित्र, प्रभु चाहे तुमसे
वरदान यही,
करके वश में इंद्रियों को, आत्मज्ञान जगाना है दिल में,
करते हैं जिनवर को…….

करते हैं विनती तुमसे जिनवर, नैया को अब पार
लगाओ तुम,
भव-भव भटका जनम मरण में, प्रभु अब तो राह
दिखाओ तुम,
मोक्ष मार्ग की राह मिले, यही भाव है मेरे अंतर में,
करते हैं जिनवर को .....

- 06 जुलाई 2024

www.ingramcontent.com/pod-product-compliance
Lightning Source LLC
La Vergne TN
LVHW050923200726

843508LV00011B/2261